QUEL

PARTI PRENDRE ?

POLITIQUE DES PHILOSOPHES

BOUTADE HUMORISTIQUE

CONTRE TOUS LES PARTIS ET LEURS SIX PAIRES DE LUNETTES

Par Victor LEVÈRE

RÉDACTEUR EN CHEF DE L'*Écho des Trouvères*
FONDATEUR PRÉSIDENT DE L'*Athénée des Troubadours*

> « Que les peuples moutons reviennent de la
> République, de la Monarchie ou de l'Empire,
> « ils portent toujours des traces plus ou moins
> « profondes de la dent cruelle des loups....... »
>
> À opposer à toutes les professions de foi des
> ambitieux de la politique : « *Dirais-tu ce que tu
> vaux, si tu valais ce que tu dis ?* »
>
> (V. LEVÈRE, *Pensées superficielles*.)

Prix : 10 centimes

TOULOUSE

MARQUESTE ET SALIS, EDITEURS
Petite rue Saint-Rome, 8

—

1892

QUEL

PARTI PRENDRE ?

POLITIQUE DES PHILOSOPHES

BOUTADE HUMORISTIQUE
CONTRE TOUS LES PARTIS ET LEURS SIX PAIRES DE LUNETTES

Par Victor LEVÈRE

RÉDACTEUR EN CHEF DE *l'Écho des Tranchées*
FONDATEUR PRÉSIDENT DE *l'Athénée des Troubadours*

*« Que les peuples modernes reviennent de la
République, de la Monarchie ou de l'Empire,
ils portent toujours des traces plus ou moins
profondes de la dent cruelle des loups.......*

*À opposer à toutes les professions de foi des
ambitieux de la politique : Dirais-tu ce que tu
veux, si tu valais ce que tu dis ?*

(V. LEVÈRE, Pensées superficielles.)

Prix : 10 centimes

TOULOUSE

MARQUESTE ET SALIS, ÉDITEURS
Petite rue Saint-Rome, 8

—

1892

IMPRIMERIE VIALELLE ET Cⁱᵉ, RUE TRIPIÈRE, 9. — TOULOUSE

VICTOR LEFLON

Rédacteur en chef de [illegible] [illegible] journal
littéraire, chef de [illegible] [illegible] Président
de l'Académie [illegible] [illegible] Société littéraire
autorisée par [illegible] préfectoral du [illegible] 1889.

Fragment [illegible]
Messieurs [illegible]
J'offre à [illegible]
Ce quatrain [illegible]
— Si j'allais [illegible]
Serait [illegible]
C'est qu'il [illegible]
Qu'il ne [illegible] esprit.

LES TROIS MERLES

Deux merles affranchis, en rupture de cage,
    Des bois avaient gagné l'ombrage,
Croyant pouvoir siffler en toute liberté
Les airs qu'on leur apprit dans la captivité ;
L'un, vaillamment dressé par un socialiste,
Siffle la *Marseillaise* à gorge que veux-tu ;
L'autre, longtemps choyé par un légitimiste,
Du lys emblématique exalte la vertu.
Au chant de ce dernier survient un démagogue,
    Chasseur à poigne, au maintien rogue,
A qui le chant royal de cet oiseau déplaît,
Et qui, d'un coup de feu, lui coupe le sifflet.
A quelques pas de là passe un aristocrate
Qui, n'applaudissant pas l'hymne national,
    Non moins prompt que le démocrate,
Décharge son fusil sur le pauvre animal,
Le blesse à l'aile et lui casse une patte.
    Les voilà donc, de bonne foi,
    Victimes de la politique :
    L'un, blessé pour la *République* ;
    L'autre, fusillé pour le *Roi*.

. . . .

Un vieux merle, en voyant cette scène tragique,
Se dit : Le mieux encor est de se tenir coi.

Victor LEVÈRE.

PHILOSOPHIE, POLITIQUE ET LUNETTES

Si étrangère qu'elle soit au bruit du dehors, si indifférente qu'elle reste aux vacarmes des conférences populaires, il arrive parfois que ma Philosophie, réveillée en sursaut par le tumulte scandaleux que provoquent les dissidences politiques, se demande, comme tout le monde, quelle en est la cause et le but. Alors, du sommet de son petit observatoire littéraire, elle braque une *lunette* à courte portée sur tout ce qui l'entoure ; elle ne tarde pas à voir s'agiter, dans tous les sens, au milieu d'une nuit favorable aux entreprises les plus ténébreuses, des milliers de porteurs de fanaux sans rayons, de torches fumeuses, de lampions éplorés, de lanternes emprisonnant des flammes expirantes ; foules, égarées par l'égoïsme et l'orgueil, qui, tout en tremblant de s'éclairer mutuellement, gardent chacune l'outrecuidante prétention de répandre sur tous la vraie lumière.

Dans le mouvement général de toutes les politiques sociales, ma Philosophie indépendante voit ces marionnettes, à courtes ficelles et à courte vie, *se chercher, se heurter, se deviner, s'injurier, se complimenter, s'accuser de toutes les iniquités, s'égratigner, s'embrasser, se battre, se raccommoder, se grouper par catégories d'opinion, se duper toujours et ne s'entendre jamais.* Mais c'est bien autre chose lorsque, le jour venu, elle cherche la réalité de ce rêve de confusion générale.

A la comédie politique qu'elle voit se jouer à distance et en plein soleil se mêlent tant d'intrigues inavouables, de situations équivoques, de rôles forcés, d'intérêts opposés, de transformations et de

changements à vue qu'il lui devient impossible
d'en percevoir le sens moral, d'y distinguer le vrai
du faux et les bons acteurs des mauvais.

Presque indigné de son ignorance de toutes politiques sociales, je dis un beau matin à ma Philosophie : — Ah ça, ma vieille, n'êtes-vous pas honteuse de n'avoir pas d'opinion à votre âge ? J'entends que vous en embrassiez une sur l'heure.

— Par exemple ! me répondit-elle rougissant de pudeur et de colère, si j'avais à embrasser quelque chose, ce ne serait pas une opinion politique : vous êtes donc bien fatigué, poursuivit-elle, des bons sentiments que je vous inspire et de la paix dont vous jouissez en ma compagnie, que vous vouliez à tout prix perdre votre repos en me faisant perdre la tête !

— Voyons, répliquai-je, soyez raisonnable : allez voir de près toutes les coteries, et venez ensuite me dire quel est de tous les partis le meilleur à prendre.

— Mais, objecta ma Philosophie, j'ai beaucoup vieilli depuis notre liaison, ma vue s'est affaiblie, et je ne sais si j'y verrais assez clair pour distinguer le bon côté de la politique et vous le désigner.

— Allons, allons, m'écriai-je, vous voilà enfin décidée !... Mettez votre pince-nez et faites votre tournée...

Et ma Philosophie, toujours soumise à mes moindres volontés, se mit aussitôt en campagne.

Elle s'arrêta d'abord au seuil d'une porte monumentale s'ouvrant sur une vaste enceinte dont le mur de clôture très élevé était hérissé de tessons de bouteilles ; au-dessus de cette porte, dont l'accès était défendu par deux pièces de canon, était gravée en lettre d'or sur une plaque de marbre cette inscription significative : *L'Empire c'est le salut !...*

Grâce à ses allures pacifiques, ma Philosophie fut aussitôt introduite par un des derniers survivants de la grande armée. Dès qu'elle eut fait savoir qu'elle cherchait, en politique, le meilleur parti à embrasser, on la pria d'ôter son pince-nez et on lui mit des lunettes aux verres de couleur violette, l'assurant qu'elles étaient les seules qui convinssent à toutes les vues. Alors elle promena ses regards un peu partout et vit, au centre de ce grand espace, occupé par des gens de toutes les conditions, un colossal amas de lauriers, de vieilles armes, de jambes de bois et de drapeaux en loques, au-dessus duquel était posé le buste de l'illustre héros Napoléon Ier :

— Ces débris glorieux, vous les admirez, n'est-ce pas ? et vous faites bien, dit à ma Philosophie un vieux colonel décoré de plusieurs ordres : ces trophées, auxquels les générations nouvelles n'ont encore rien ajouté, sont un legs écrasant pour la dynastie Napoléonienne. Le grand capitaine n'a pu malheureusement lui léguer avec ses lauriers son vaste génie ; mais, bien qu'il soit plus aisé de prétendre à une couronne que d'en supporter le poids, je suis certain que le prince aspirant au sceptre de Bonaparte le tiendra dignement : *Vive l'Empereur !* je ne connais que ça, moi, serrrbleu !

— Quels sont ces personnages en habits galonnés qui se promènent en si grand nombre ? hasarda timidement ma Philosophie.

— Ce sont, répondit le colonel, les futurs ministres, préfets, députés et autres hauts fonctionnaires dévoués, corps et âme, au futur empire : quant aux groupes qui nous entourent, ils représentent les bourgeois satisfaits et les ambitieux de toutes les classes qui demandent à l'être.

— Pourriez-vous me dire, colonel, interrogea ma

Philosophie en rougissant jusqu'aux oreilles, pourriez-vous me dire quel est le rôle que l'Empire destine à ces foules compactes d'hommes, de femmes et d'enfants mal vêtus que j'aperçois là-bas travaillant comme des nègres !

— Ah ! s'exclama le colonel avec un geste plein de noblesse, ces foules représentent le peuple souverain à qui le droit au travail est acquis d'avance sous tous les régimes ; eh bien, l'Empire lui accordera en plus toutes les libertés qui ne lui paraîtront pas de nature à compromettre la sécurité de son gouvernement.

— Mais, en résumé, insista toute tremblante ma Philosophie, que pensez-vous que fasse l'Empire pour l'amélioration du sort des misérables toujours si délaissés ?

— Il ne m'appartient pas de le prévoir, répliqua brusquement le colonel ; mais les députés élus par eux ne failliront pas à leur devoir ; et, s'ils y faillissaient, ils ne feraient que suivre le mauvais exemple de leurs devanciers.

Sur ces derniers mots, ma Philosophie sortit à reculons de l'enceinte des bonapartistes, en faisant force révérences au brave colonel.

Dans le camp fleurdelisé des légitimistes, où elle fut reçue assez froidement par un gentilhomme breton de haute lignée, M. *Léopold-Stanislas-Raoul de Rassanrace*, ma Philosophie, le but de sa visite expliqué, fut aussitôt mise en demeure de mettre des lunettes vertes.

— *Rien de clair, rien de vrai, rien d'honnête* n'apparaît à la vue sans ces verres symboliques, lui criait-on de toute part ; et, comme elle se disposait à changer de lunettes, elle se vit entourée par quelques seigneurs soupçonneux qui la prièrent de décliner avant tout ses noms, prénoms et qualités.

— Il ne s'agit pas, dit *M. de Rassanrace* avec
un accent plein de conviction et de dignité, il ne
s'agit pas, Madame, que la première venue qui
pourrait n'être qu'une roturière, vienne, à propos
de patriotisme et de parti à prendre, s'immiscer
dans nos affaires, pénétrer nos secrets d'État, pour
aller les colporter dans le monde des petites gens
et des parvenus : nos races aristocratiques sont
des races distinctes : elles n'ont jamais dérogé et
ne dérogeront jamais de leurs principes d'unité et
de solidarité ; elles sont faites pour dicter des lois
à la vile multitude et non pour en recevoir d'elle :
et, toisant impertinemment de la tête aux pieds
ma Philosophie confuse, *M. de Rassanrace* laissa
tomber de ses lèvres dédaigneuses cette simple
interrogation :

— Etes-vous une noble dame ?

— Oui ! comme sentiment ! Non ! comme nais-
sance, répondit fièrement ma Philosophie, révoltée
de tant d'orgueil !

— Je m'attendais bien à cette réponse, s'exclama
le gentilhomme, en éclatant de rire : ces gens de la
roture sont tous les mêmes, ils ne peuvent se faire
à l'idée que les hauts sentiments soient insépara-
bles des hautes naissances !…

Cela dit, ma Philosophie fut poliment éconduite
par *M. de Rassanrace*, qui prit congé d'elle en la
saluant d'un mouvement de tête à peine perceptible.

A côté des légitimistes intransigeants, tour-
noyaient dans un cercle spacieux les royalistes
libéraux, composés en grande partie de bourgeois
ambitieux, ennemis jurés de la noblesse, jusqu'au
jour où, s'affublant de la particule, ils peuvent se
donner de faux airs de marquis : là, péroraient les
plus chauds partisans des branches cadettes de la
monarchie qui, ne pouvant arriver au trône qu'a-
près l'extinction de leurs aînés, se jettent à corps

perdu, oubliant leurs *liens de famille* et *leur dignité de race*, au milieu de toutes les conspirations, ameutant les masses contre les autorités régnantes, s'associant à toutes leurs revendications et les poussant à de sanglantes révolutions sans autre but que celui d'assurer le triomphe d'un seul, au préjudice du plus grand nombre.

N'entrevoyant rien d'intéressant dans ce milieu, ma Philosophie, toute au souvenir de la mort de Louis XVI. votée par un d'Orléans, accepte, pour les mettre dans sa poche, les lunettes bleues que lui tend un ancien sous-préfet, et se dirige à pas précipités vers le camp des républicains socialistes :

— Halte-là ! citoyenne !... Que viens-tu faire ici ? crie en l'apercevant un vieux dur-à-cuire du socialisme.

— Citoyen, je viens à ton école apprendre à pratiquer l'égalité et la fraternité, vertus civiques sans lesquelles il n'est pas de liberté possible, répond avec assurance ma vaillante Philosophie.

— Bien répondu, citoyenne, s'exclame joyeusement le vieux sans-culotte, bien répondu. Prends *ces lunettes rouges*, mets en sautoir cette *ceinture écarlate, coiffe ce bonnet phrygien*, arme tes mains viriles de ce poignard aiguisé par la haine des tyrans, et jure de le plonger jusqu'à la garde dans le cœur de tout bourgeois égoïste, sangsue repue du sang du peuple, que tu pourrais à l'avenir rencontrer sur ton chemin. — Mais un instant : avant de prêter ce serment solennel, il est bon, poursuit le révolutionnaire, que tu ailles retremper ta foi républicaine aux sources vivifiantes des travaux populaires : tu vois d'ici, n'est-ce pas ? cette large route pour l'entretien de laquelle nos frères, incapables de mieux, cassent des cailloux du matin au soir ? Eh bien ! cette route, c'est la voie du progrès, au bout de laquelle les générations futures, brisant leurs chaînes sur le crâne de la tyrannie, verront se réaliser enfin leurs rêves de bonheur et d'indépendance ! Va ! citoyenne, va !... quand tu auras cassé seulement cinq cents mètres cubes de ce dur granit, tu seras vraiment digne d'être des nôtres.

— En as-tu déjà beaucoup cassé de ces cailloux-là, citoyen ? s'écria ma Philosophie, épouvantée de la perspective qui lui était offerte !

— Moi ! jamais, par exemple ! Nous sommes ici deux catégories bien distinctes de citoyens : les dirigeants et les dirigés, c'est-à-dire les capables et les ignorants ; on ne s'est pas fait, que diable ! J'appartiens à la première de par mon intelligence... et...

— Tu me prends alors pour une imbécile ? interrompt ma Philosophie, heureuse de sortir de cette impasse. Dans ce cas, citoyen, je n'ai plus qu'à te prier de casser toi-même ma part de cailloux.

Le camp des *anarchistes* n'étant qu'à quelques centaines de pas de celui des socialistes, ma philosophie franchit prestement la distance,

Au-dessus d'une porte basse bardée de fer flotte le drapeau noir, c'est l'entrée de la caverne des exaspérés : une femme en guenilles, indescriptible virago de cinquante ans, au visage enluminé, à la voix rauque, les bras nus comme les pieds, les cheveux en désordre, l'œil féroce, est là qui veille, une hache à la main.

— Espionne, s'écria-t-elle en apercevant ma Philosophie, que cherches-tu par ici ? La mort sans doute !...

— Je cherche, répondit ma Philosophie avec un triste sourire, ce que je crains bien de ne jamais trouver : je cherche la vérité en politique.

— Si tu es dévouée à la cause des misérables, si tu nies Dieu, si tu crois à tous les désespoirs de la faim, tu la trouveras, cette vérité, dans notre camp qui est celui des irréconciliables ; nous recélons ici les rancunes invétérées, les haines implacables des parias voués au mépris de leurs frères ; notre mot d'ordre, poursuivit la pétroleuse, est : sang et carnage. C'est de nous que l'on dit dans toutes les émeutes : d'où sortent donc ces têtes-là ? Nous voyons tout en noir comme notre drapeau : prends ces lunettes, leurs verres sombres rendent moins apparent le spectacle horrible de nos misères ; prends ces lunettes et suis-moi.

Ma Philosophie, résolue à poursuivre jusqu'au bout ses investigations, suivit non sans trouble la virago qui, s'éclairant d'une torche, la conduisit à travers d'obscurs labyrinthes jusqu'à une vaste salle voûtée dont les murs enfumés suintaient le froid et l'humidité ; là, au milieu d'un amas de cartouches de dynamite, de sabres, de haches, de pieux rouillés et de vieux fusils, se dressaient trois potences à la corde desquelles se balançaient, pendus en effigie, trois mannequins figurant : l'un l'aristocratie, l'autre la bourgeoisie et le troisième le clergé. Un christ renversé était suspendu à la muraille au-dessus de cette inscription sinistre : Vaincu par le diable !...

Dans cette salle, éclairée par quelques torches fumeuses, étaient entassés des groupes d'hommes, de femmes et d'enfants dont les vêtements en loques, les traits tirés, les joues creuses, les yeux fiévreux et les visages livides accusaient les atroces souffrances d'une misère venue de loin.

Au moment où ma Philosophie pénétrait dans la salle, un des chefs des anarchistes venait de prendre la parole ; tous les regards étaient fixés sur lui, toutes les oreilles s'ouvraient pour mieux l'entendre ; grâce à cet incident, ma Philosophie ne fut pas remarquée ; sa conductrice la poussa d'un air triomphant dans le coin le plus obscur en lui disant bas à l'oreille : Ecoute, cet homme c'est Robert, l'hercule du parti, surnommé l'indomptable, il n'aurait qu'un mot à dire pour te faire écharper ; écoute !... et voici ce qu'entendit ma Philosophie, terrorisée par les dernières paroles de la virago.

— ...... Tous les partis vous sont interdits ; vous n'êtes pas plus des hommes pour les monarchistes que pour les républicains, vous êtes des révoltés ! Les gorgés vous placent bien au-dessous de la bête de somme qu'ils exploitent ; vous n'êtes pour eux que des conspirateurs dangereux qu'on doit fusiller à toute heure, sans jugement préalable et sans merci. Vous n'êtes que des hiboux jetant leurs cris funèbres dans les nuits sereines des félicités humaines, de hideux crapauds coassant au milieu du concert joyeux des satisfaits ; n'espérez rien, mes frères, de ceux qui vous ont dépouillés, car ils osent, dans leur aveuglement égoïste, considérer la terre qui appartient à toutes les créatures issues de son sein, comme leur propriété légitime ; n'espérez rien de Dieu, il n'existe pas : s'il existait, tolérerait-il les monstrueuses inégalités sociales dont nous sommes les victimes !

Race réputée vile, dont on fuit le contact odieux, vous, les assassinés qu'on appelle assassins, quel cas a-t-on jamais fait de vos revendications ? Aucun ! Allez, mes frères, on ne persuade pas les bêtes féroces, on les tue ! Le monde des égoïstes ne peut être régénéré, il faut le détruire. L'arbre social est pourri jusqu'aux racines, il faut l'arracher et le jeter aux flammes. Lie sociale accroupie aux bas fonds de l'océan de toutes les intrigues, agitez-vous pour les troubler ; foules errantes et méprisées, cohortes affamées, reléguées sans pain dans les réduits les plus sordides, détruisez avec les palais qui insultent à votre éternelle misère, l'oppressive autorité qu'ils abritent ; usez de l'incendie, du meur-

tre et du pillage, c'est votre droit après tant de
souffrances ; on ne vous donne rien de bonne vo-
lonté, emparez-vous de tout par la force.....

Epouvantée à ce discours dont elle ne voulut
pas entendre la fin, ma Philosophie se déclara sa-
tisfaite et, feignant le plus grand enthousiasme
pour les doctrines subversives des anarchistes et
pour l'éloquence de Robert, elle pria la pétroleuse
de la rendre à l'air respirable, ce que cette dernière
fit en vociférant mille imprécations contre les tyrans et les oppresseurs.

Enfin, après ces cinq excursions, ma chère Philosophie me revint quelque peu décontenancée : —
Je n'ai pas osé, me dit-elle en entrant, pousser mes
investigations jusqu'au camp des républicains
modérés, où affluent, attirés par la bonne odeur du
râtelier national, les déserteurs de tous les partis ;
j'ai pensé qu'il fallait laisser à d'autres le soin de
scruter les affaires du gouvernement à qui nous
n'avons jamais rien prêté et qui n'aurait rien à
nous rendre :

— Voici donc, mon cher maître, les cinq Lunettes des cinq partis de l'opposition ; essayez-les
toutes et puissiez-vous en trouver une qui con-
vienne à votre vue ; j'ai dû renoncer à me procu-
rer celles dont se servent les rénégats de toutes
les fractions de la politique, car elles sont pourvues
de verres aux couleurs si variées et si variables
qu'il m'eût été impossible d'y rien voir à travers.

— C'est bien, c'est fort bien, dis-je à ma Philosophie, mais pourquoi ce visage bouleversé ?... cet air
embarrassé ?

— C'est, cher maître, me répondit-elle, que
j'hésite à vous faire part de mes impressions per-
sonnelles :

— Voyons, ma mie, insistai-je, dites-moi fran-
chement ce que vous pensez !...

— Eh bien! puisque vous l'exigez, s'écria ma Philosophie d'un ton résolu, je pense... :

Que *la dynastie napoléonienne*, si on ne lui administre promptement un réactif génial, mourra d'une indigestion de gloire sur les lauriers du grand homme ;

Que *la légitimité*, qui a vu, avec Henri V, l'honnête homme, descendre dans la tombe le plus beau fleuron de sa vieille couronne ; que la légitimité, que toutes les races dont elle a fait fi abandonnent à son irréductible orgueil, tombera, pour se relever, Dieu sait quand, de la haquenée fleurdelisée qu'elle a rendue poussive, en la nourrissant de vieux préjugés ;

Que *l'orléanisme*, mal assis sur les cinquante millions réclamés par lui à sa patrie en détresse, ne reconstituera jamais son ancienne popularité, qui digère mal aujourd'hui le double souvenir de cette féroce revendication d'argent et de la décapitation non moins féroce du roi martyr ;

Que le *socialisme*, à qui j'interdis l'usage du fer homicide et de la torche incendiaire, et dont les *chefs gavés* représentent la pire des aristocraties, celle au carrosse de laquelle s'attellent les misérables, propage des doctrines trop naturelles et trop vraies, pour que l'immense majorité des égoïstes puisse jamais s'en accommoder ;

Que la politique des anarchistes, inconsciente et dangereuse hydrophobie, se renfermant absolument dans le cercle vicieux de la logique des fous, sera toujours gardée à vue dans ce cercle d'où elle ne sortira jamais et où elle agitera éternellement sa rage sans résultat possible, sous l'œil vigilant de tous les partis armés contre elle jusqu'aux dents ;

Que les républicains, soi-disant modérés, qui escamotent les trônes, en réservant pour eux et leurs amis tous les privilèges de la couronne, seront forcément acceptés faute de mieux ; qu'ils verront se rallier à leur drapeau les ambitieux de tous les ordres, qui viendront à tour de rôle se tailler une position sociale dans les étoffes de l'intérêt général, étoffes si laborieusement tissées par le peuple, et dans lesquelles, pauvre dupe, il n'a jamais pu se tailler autre chose qu'une veste !

— Je pense encore, poursuivit ma Philosophie haletante, qu'en dehors d'un très petit nombre de personnalités respectables, rares héros de toutes les classes de la société qui ont, pour la plupart, chèrement expié leur amour de la vérité, rien de bon ne ressort de l'ensemble de toutes les politiques.

Quant à l'âge d'or, si impatiemment attendu par les misérables, s'il ne leur en est pas réservé un dans le ciel, je doute qu'ils le voient jamais se réaliser sur la terre !...

— D'où vous concluez ?... interrompis-je.

— D'où je conclus, soupira ma Philosophie, que puisqu'on ne peut avoir l'empire avec un Napoléon Ier ni la royauté avec un Charles V ou un Louis XII, encore moins la république avec des Catons et le Socialisme avec des apôtres, il faudra vous résoudre comme tant d'autres à subir sans trop murmurer le joug qui vous sera imposé.

Après cela, ajouta ma Philosophie, en manière de péroraison, je serai quitte envers vous en vous donnant un dernier avis qui est celui-ci :

— Ayez des sympathies et non des opinions politiques, et n'oubliez jamais que, si effacé que soit son rôle, si modeste que soit son talent, le poète qui s'inspire de mes pensées d'amour, de concorde et de paix, doit garder assez d'indépendance pour avoir le droit de chanter le bien et le beau, partout où il les voit se produire.

Victor LEVÈRE.

(Reproduction autorisée)

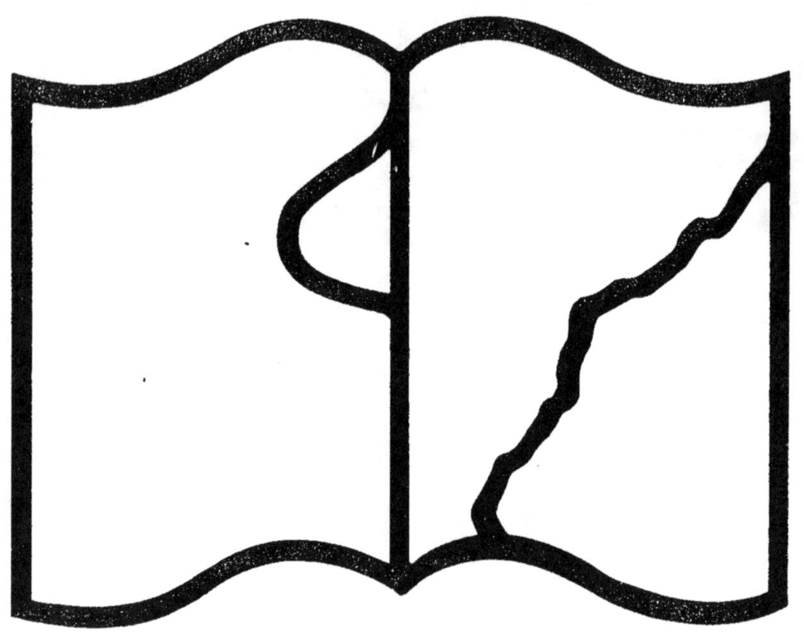

Texte détérioré — reliure défectueuse

NF Z 43-120-11

Bibliothèque nationale de France - Paris

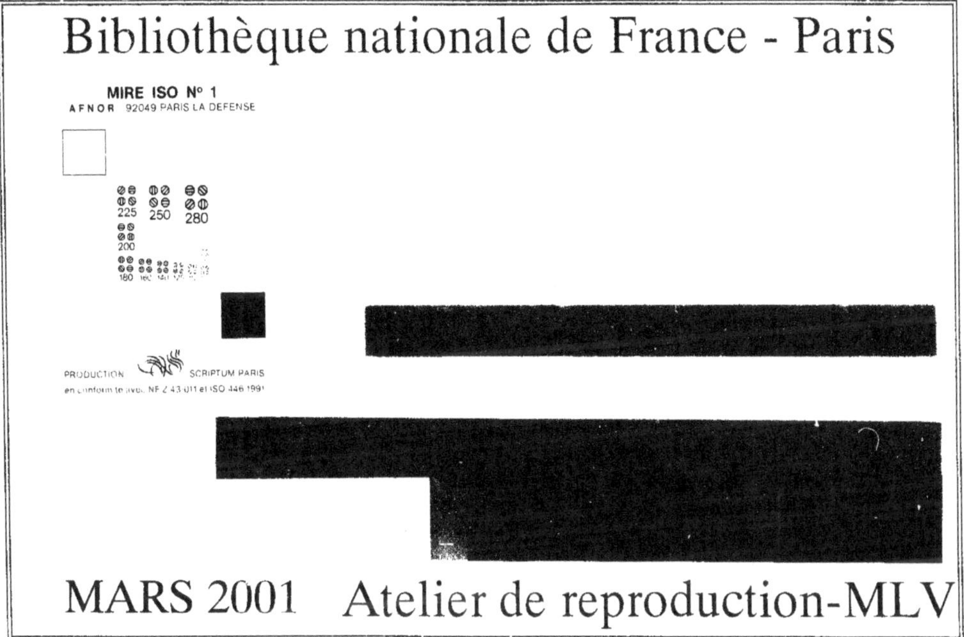

MARS 2001   Atelier de reproduction-MLV